AF315815

LIBERTÉ INDIVIDUELLE

SOUS

LE RÈGNE DES BOURBONS,

OU

PROCÉDURE

INSTRUITE CONTRE MM. P***, DE V***, L*** ET R***, ACCUSÉS D'AVOIR ENTRETENU CORRESPONDANCE AVEC L'ILE D'ELBE, ET D'AVOIR VOULU OPÉRER, EN AOUT 1814, LE RETOUR DE L'EMPEREUR;

PUBLIEE PAR MM. P*** ET DE V***.

> « Sous un gouvernement soupçonneux, les
> lois, la religion, les préjugés, la vio-
> lence, se réunissent constamment contre
> celui qui ose penser et agir. Dans cet
> état de contrainte, l'homme demeure
> esclave, tandis qu'il devait être libre,
> et vit dans l'indigence au milieu du pa-
> trimoine de la nature. »

PARIS.

LAURENT BEAUPRÉ, LIBRAIRE, PALAIS ROYAL, GALERIE DE BOIS.

1815.

AVANT-PROPOS.

La liberté individuelle est, sans contredit, ce qu'il y a de plus sacré dans un empire constitutionnel. Des règles sont établies pour l'arrestation d'un citoyen, contre lequel s'élèvent des indices assez graves pour autoriser cette mesure rigoureuse; des tribunaux indépendans ont été institués pour juger les citoyens arrêtés; enfin des formes conservatrices sont tracées par la loi, et l'autorité ne peut s'en écarter qu'en se rendant coupable d'arrestation ou de détention arbitraire.

Le gouvernement qui vient de finir feignait d'attacher la plus haute importance à la conservation de cette liberté, alors même qu'il y portait atteinte de la manière la plus effrayante. Comme tous les gouvernemens faibles, il n'agissait que dans l'ombre; les prêtres associés aux diverses branches de l'administration y avaient apporté l'hypocrisie, la dissimulation et la fourberie. On démentait en secret les annonces les plus solennelles données au public.

On ne lira peut-être pas sans intérêt la procédure illégale que nous offrons au public; elle prouvera combien le gouvernement était loin d'exécuter les promesses qu'il avait faites à la France, et elle servira aussi à prévenir dans la suite de semblables abus.

On y verra que notre infortune a pris naissance dans l'ambition de quelques courtisans. L public ignore sans doute , qu'au mois de juillet dernier, une certaine marquise de S***, et quelques ambitieux imaginèrent un plan de conspiration, dont ils dénoncèrent les prétendus auteurs au ministre Blacas , afin de s'en faire un mérite auprès du monarque crédule, dont ils voulaient obtenir la faveur.

C'est nous qu'on désigna comme auteurs de cette conspiration imaginaire ; c'est nous qu'on arrêta, et c'est sur nos corps sanglans, immolés à leur cupidité, qu'ils devaient se frayer une route pour arriver à la faveur du prince, dont la faiblesse ne voyait rien et autorisait tous les genres de désordres.

Que ceux qui regrettent le gouvernement *paternel* et *libéral* lisent les détails de notre procédure, et ils connaîtront les hommes qu'ils affectent de plaindre. Ils verront que si l'on peut excuser quelques-uns de ses actes , il en est d'autres auxquels, malgré toute leur indulgence, ils seront obligés de donner d'autres noms que ceux d'erreur et de faiblesse.

Nous n'avons pas l'habitude d'écrire ; on excusera les incorrections et la faiblesse de notre style, en faveur du motif qui est d'être utile au public, en lui signalant les abus de l'autorité et en désabusant, s'il en reste encore , les partisans de ce gouvernement qu'on osait appeler *paternel*.

LIBERTÉ INDIVIDUELLE

SOUS

LE RÈGNE DES BOURBONS.

———

La capitale et la seconde ville de l'Empire étaient
livrées, les armées affaiblies par des défections
inattendues, et le siége du gouvernement au pouvoir de l'étranger, ne permettaient plus d'espérer
le salut de la patrie. Quelle dût être votre indignation, ô héros ! objet de notre amour et de notre
admiration, en apprenant ces tristes nouvelles !
Un homme ordinaire y aurait succombé, il n'aurait
pu supporter le poids des malheurs de la patrie et
de ses infortunes personnelles.

Il fallait mourir, disaient les prêtres et les plus
lâches de tous les Français ; il fallait se tuer ou
périr à la tête de ses braves ! Se tuer, vils apolo-
gistes du suicide ! Et depuis quand avez-vous oublié
les principes de la morale que vous prêchez ? Ne
savez-vous pas que le plus lâche de tous les hommes
est celui qui se détruit, pour ne pas survivre au
malheur, et que la véritable grandeur consiste à se

montrer toujours le même dans l'infortune comme dans la prospérité ? Périr à la tête de ses braves ! Insensés, tigres avides de sang humain, il n'y a que vous qui soyez capables de faire couler inutilement le sang des Français pour une cause désespérée ! L'Empereur voit que ses efforts seraient désormais inutiles, son grand cœur se plie à l'infortune, il cède à la nécessité; et cet exil volontaire, lorsqu'avec 50,000 braves, décidés à mourir à ses côtés, il pouvait encore disputer l'empire à son rival, sera la plus belle page de son histoire.

Napoléon, Empereur des Français, roi d'Italie, protecteur de la confédération du Rhin, médiateur de la confédération Suisse, naguère l'arbitre de l'Europe, s'exile volontairement sur un rocher des côtes de la Toscane. De vils pamphlétaires, mesurant sa tête par la leur, osent dire qu'il a perdu la raison ; sans doute parce qu'ils ne croyaient pas qu'un homme fût capable de supporter un si terrible changement. Qu'ils étaient loin de connaître l'Empereur ! Grand dans la prospérité, il devait mettre le comble à sa gloire en justifiant ce passage de l'Ode à la Fortune :

. . . .

. . . .

Celui qui dompte la fortune
Mérite seul le nom de grand ;

Il perd sa volage assistance,
Sans rien perdre de la constance
Dont il vit ses honneurs accrus ;
Et sa grande âme ne s'altère,
Ni des triomphes de Tibère,
Ni des disgrâces de Varus.

La capitale reçoit les étrangers ; les bons citoyens, les vrais Français gémissent en secret ; ils déplorent le malheur de la patrie. Quel est celui qui n'a point répandu des larmes de douleur dans cette journée déplorable du 31 mars ? Exténués des fatigues éprouvées la veille inutilement sur le champ de bataille, nous tournâmes nos premiers regards vers ces aigles chéries, orgueil des Français et la terreur de nos ennemis : nous pleurâmes, et nos amis mêlèrent leurs larmes aux nôtres.

Cependant les vieilles marquises, les comtesses surannées étalent leurs charmes de quinze lustres ; elles descendent dans les places publiques, et nouvelles dulcinées, elles enflamment des Don Quichottes aussi redoutables que ce fier chevalier de la triste figure ; elles vendent leurs bijoux antiques ou les mettent en gage pour soudoyer de misérables crieurs, et pour arborer la bannière des chouans. Les prêtres, les dévotes se joignent à elles ; les preux voltigeurs de François Ier ceignent leur brette, rouillée par trente années de repos, et vont se montrer dans les carrefours; ils se disent militaires, et prétendent par-là montrer que l'armée prend part au changement qu'ils veulent opérer. Imbécilles! vous ne trompez personne, tout le monde voit qu'en voulant contrefaire les braves, vous faites comme l'âne de la fable qui imite le petit chien.

Les vieux mouchoirs étonnés de se trouver blanchis volent par les croisées; les plus infâmes libellistes élèvent la voix, et à l'aide de ces clameurs abominables, on opère le changement le plus fatal à la nation française. On ose soutenir que c'est le peuple qui le demande, lorsqu'on ne voit dans cette foule, qu'on ose qualifier du nom respectable de peuple, que quelques misérables gueux soudoyés, des nobles, des vieilles folles, des prêtres, des dévots, des dévotes, des anglais, (1) des cosaques et des émigrés.

On demande un *Te Deum*, et on a l'infamie d'y appeler la garde nationale. Des Français remercier le ciel d'avoir mis la patrie à feu et à sang, de la voir soumise à l'étranger! P*** faisait partie de la garde nationale, mais un refus d'indignation fut sa réponse à cette proposition déshonorante.

Il fut chanté cependant ce *Te Deum*, et la même

---

(1) Il est constant qu'un grand nombre d'Anglais portèrent la cocarde blanche.

foule qui l'avait provoqué en fit les honneurs. C'est en passant sur la place de la Concorde, le jour de cette détestable cérémonie, que P*** composa cette ode que lui inspira l'indignation :

J'ai vu des hordes féroces, etc.

(Voyez page 53.)

Un observateur attentif pouvait, malgré les démonstrations de ces royalistes forcenés, prévoir ce qui est arrivé depuis, et il ne fallait pas une grande sagacité. L'insolence et les efforts des pamphlétaires, l'ineptie des proclamations qui tapissaient les carrefours et les places publiques, tout annonçait qu'on craignait le patriotisme de la nation, et que ce patriotisme réveillé renverserait l'édifice élevé à si grands frais. Il est certain que le 5 avril 1814, P*** avait la prophétie suivante, qui s'est vérifiée dans ses principales prédictions. On ne dira pas qu'elle a été faite après coup, car elle fut copiée à cette époque par diverses personnes qui l'auront probablement conservée ; d'ailleurs elle fait partie des pièces de notre procédure.

En ce temps-là Jésus dit à ses disciples, etc.

(Voyez page 57.)

Ne pouvant supporter le spectacle que présentait alors la capitale, nous étions décidés à l'abandonner pour aller offrir nos services, quelques faibles qu'ils fussent, au souverain que son infortune rendait encore plus cher à nos cœurs.

Nous étions sur le point d'exécuter notre projet de voyage, lorsque P*** rencontra au Palais Royal un jeune homme appelé L*** qu'il avait connu autrefois : ils se communiquèrent leurs sentimens, et L*** voulut être du voyage projeté. Cependant P*** ne le revit plus, mais il n'en fut pas moins ferme dans son projet, qu'il exécuta le 28 mai avec un Italien, de Rome, appelé B***, de V*** n'ayant pu, pour des raisons particulières, les accompagner.

Arrivés à Marseille nos deux voyageurs prirent un passeport pour Livourne s'embarquèrent pour cette destination. De Livourne, il ne leur fut pas difficile de se rendre à l'île d'Elbe ; ils prirent terre à Porto-Ferrajo le 1er juillet à deux heures du matin.

Un des braves grenadiers de la garde fut le premier qui leur parla. Il fallait voir comme tout le monde demandait des nouvelles de l'Empereur. Mille questions se succédèrent rapidement , et le grenadier qui voyait qu'il parlait à des Français ne se lassait pas de leur répondre ; c'est ainsi que se passa le reste de la nuit ; le jour venu , il leur fut permis d'entrer dans la ville.

Ils passèrent le golfe et revinrent à la ville par la route de Porto-Longone ; c'est là qu'ils rencontrèrent la première fois l'Empereur qu'ils n'avaient pas vu , depuis son départ de Paris pour l'armée. Il était en calèche et venait de Saint-Martin ; le maréchal Bertrand était avec lui ; deux Mamelucks à cheval formaient toute l'escorte. Il faut être Français pour concevoir l'effet que cette vue inattendue produisit sur leur cœur !

Ils virent le général Drouot que P*** avait eu l'occasion de connaître à Paris. Le général ne lui dissimula point qu'il était impossible d'utiliser ses services ; il l'engagea cependant à parler à Sa Majesté en personne.

Le mardi 5 juillet P*** et son compagnon attendirent l'Empereur sous les fortifications de la porte de terre ; Sa Majesté était à pied, suivie de plusieurs officiers. Elle daigna leur demander qui ils étaient , d'où ils venaient , et quel avait été le but de leur voyage ; elle se retira en daignant accepter d'eux une adresse dans laquelle ils offrirent

Aleurs services et plusieurs pièces de poésie de leur composition.

Ne recevant pas de réponse de Sa Majesté, étant sans moyens, sans communication avec leur famille, ils furent contraints de partir ; c'est même ce que le général Drouot leur conseilla.

Nous ne parlerons pas des malheurs de leur retour ; il suffira de dire que déçus de l'espoir de trouver de l'argent à Livourne où ils devaient en recevoir, et où ils en auraient trouvé, si les communications eussent été plus libres , ils furent réduits à vendre une partie de leurs effets. Au milieu de l'été, par une chaleur de 30 à 32 degrés , ils firent à pied la route de Livourne à Gênes, à travers les montagnes arides des Apennins. A Gênes ils engagèrent leurs effets de nouveau et continuèrent à pied leur route jusqu'à Lyon. Contraints de faire 12 et 15 lieues par jour, afin de ne pas se trouver à court, le pauvre Italien B*** était exténué. P*** le quitta à Lyon, emprunta encore de l'argent, et arriva à Paris dans les premiers jours d'août.

C'est ainsi que se termina ce voyage entrepris sans réflexion et par la seule impulsion de leur cœur. Plus ils furent malheureux, plus leurs sentimens se fortifièrent ; leur opinion, après ce voyage était peut-être encore plus exaltée qu'auparavant.

P*** n'avait ni asile, ni argent, il avait vendu ses effets avant son départ : il fut loger chez son ami de V***, employé alors à . . . . ; il trouva chez lui les secours et les consolations de l'amitié.

C'est ici que commence la trame que l'on ourdissait contre nous.

L*** n'avait pas abandonné le dessein d'aller à l'île d'Elbe; mais sachant que M. P*** était parti, il s'adressa à M. de V***, l'ami de celui-ci, pour savoir s'il avait quelque chose à lui envoyer; M. de V*** lui remit une lettre.

Cependant L*** n'avait pas été assez discret, il avait parlé de son projet de voyage. Un nommé Benoît, espion du comte d'Artois, car il avait aussi les siens, s'insinua adroitement auprès de lui; il se dit militaire, et feignit de vouloir aussi aller à l'île d'Elbe. L*** lui donna toute sa confiance; dès-lors le mouchard ne le quitta plus : il se disait son ami, lui faisait mille protestations, et rendait compte de ses actions et de ses paroles au prince qui l'avait acheté. Telles étaient les ruses infernales auxquelles le dernier gouvernement avait recours pour connaître les sentimens des individus, et pour les rendre victimes même de leurs pensées.

Le jour du départ arriva enfin ; un chirurgien des armées, nommé R***, cousin de L***, était du voyage; ils partirent séparément, l'un par

Meaux, et l'autre par Fontainebleau, après s'être donnés rendez-vous à Marseille.

Ils n'allèrent pas loin, R*** fut arrêté à Essone, le 3 août, et L*** le 5 à Montrenil-aux-Lions, entre la Ferté-sous-Jouarre et Château-Thierry.

Perquisition faite dans les papiers de R***, on y trouva la lettre qui était adressée à P*** par de V***; elle était conçue en ces termes :

Paris, le 11 juillet 1814.

« J'ai reçu, mon cher ami, votre lettre de Mar-
» seille qui m'a beaucoup amusé; j'aime les détails
» que vous me donnez sur votre voyage : si jamais
» envie me prend de faire un recueil de lettres, je
» vous assure que les vôtres passeront les premières.
» Malheureusement pour moi, jé n'ai pas cette
» fécondité d'esprit, cette imagination vive et ar-
» dente dont la nature vous a gratifié : aussi trou-
» verez-vous mes lettres bien insipides et bien
» sèches. Je voudrais bien pouvoir entrer dans des
» détails amusans pour vous, mais ma mémoire est
» trop ingrate.

» A Paris tout le monde est presque persuadé que
» l'empereur Napoléon reviendra occuper un trône
» sur lequel les Bourbons sont trop faibles pour
» s'asseoir; ce sont de braves gens qui ont sans
» doute les meilleures intentions du monde, et qui

» réussissent difficilement à le faire croire. Ils se
» sont entourés d'une quantité de gens qui les ont
» accompagnés dans leur émigration, et qui n'ont
» aucune connaissance des mœurs et usages des
» Français depuis la révolution. Le roi prétend
» gouverner la France, comme il l'aurait fait il y a
» cinquante ans; il ne s'est pas aperçu, non plus
» que ses satellites, que c'était renverser le système
» actuel des choses, et que changer les habitudes
» de tout un peuple, plus éclairé qu'il ne l'était
» jadis, n'est pas l'affaire d'un jour, surtout lors-
» qu'elles proviennent d'une révolution qui doit
» influer nécessairement sur deux ou trois géné-
» rations, et même davantage; il a en outre choisi
» des ministres qui n'entendent presque rien aux
» affaires, par la raison qu'ils n'ont jamais admi-
» nistré eux-mêmes; fausse politique, surtout lors-
» qu'un état est dans une situation aussi critique
» que l'est la France. Il y a peu de temps que le
» Sénat et le Corps-Législatif jouaient la tragédie;
» à présent ils jouent la comédie; ce sont vraiment
» des farces qui doivent donner à rire aux représen-
» tans de la chambre d'Angleterre.

» On fait beaucoup de caricatures, sur le roi
» particulièrement : on le représentait dernièrement
» dans un pré, faisant ses besoins d'absolue néces-
» sité, le pape derrière lui, allant monter sur son

» dos, et s'écriant : « Enfin j'ai trouvé une bête
» pour m'en retourner à Rome (1). » Voilà l'esprit
» du Français ! Il y a peu de temps qu'il régnait un
» enthousiasme étonnant ; on ne voulait que le roi,
» on vomissait des injures et des saletés contre l'Em-
» pereur Napoléon ; aujourd'hui on est revenu de
» cet enthousiasme. La France est tellement avilie
» et ravalée, sa situation est si pitoyable qu'il lui
» faut un grand homme pour la relever ; comment
» supposer que le roi en soit capable ; entouré de
» ganaches comme il l'est. Les troupes tiennent bon,
» elles sont difficiles à mener, malgré toutes les
» promesses qu'on leur fait ; on se bat les flancs
» pour les apaiser, pour leur faire oublier le grand
» homme qui les a tant de fois menés à la victoire ;
» mais on ne réussira pas de long-temps, parce
» qu'on ne sait pas les moyens de réussir.

» Il court bien des bruits sur l'Empereur : les
» uns disent qu'ils s'est mis à la tête des Turcs et que
» les prisonniers de guerre qui étaient en Russie se
» sont joints à lui ; les autres que l'empereur d'Au-
» triche le met à la tête de ses armées pour repren-
» dre le sceptre et la couronne de France. Malheu-
» reuse et illustre victime des événemens et des traî-

---

(1) Tout le monde sait que cette caricature a existé. La rapporter
dans une lettre close adressée à un ami n'est pas une chose bien répréhensible.

» tres , il est peut-être bien tranquillement dans
» son île , oubliant les ingrats qu'il a faits !

» Je ne voudrais pas, mon cher P***, que vous
» m'écrivissiez de l'île d'Elbe directement , cela
» pourrait me compromettre ; on supposerait que
» j'ai des correspondances avec les *ennemis de*
» *l'Etat*, et il en résulterait la perte de ma place.
» Vous pourriez , par exemple , me faire parvenir
» vos lettres par l'intermédiaire de ce chanoine qui
» a des possessions dans l'île d'Elbe, et dont vous
» m'avez entretenu ; il réside en Italie et a, je crois,
» des relations avec M. H*** : employez ce moyen ,
» si vous n'y trouvez pas de difficultés ; autrement
» tâchez d'en inventer un autre , ou bien ma foi
» écrivez-moi directement de l'île.

» Votre remplaçant est revenu de Hambourg ; il
» était dans la misère jusqu'au col ; je lui ai donné
» vingt francs.

» Vous recevrez cette lettre par un jeune homme
» qui est venu me voir , et qui me l'a demandée en
» promettant de vous la remettre. J'ai bien dit des
» bêtises dans cette lettre et je me suis répété peut-
» être souvent ; cela n'est pas étonnant ; on chante,
» on rit, on jase dans mon bureau, et je suis pressé
» de terminer , parce que l'on m'attend : une autre
» fois je vous écrirai mieux.

» Adieu, mon ami, je penserai souvent à vous ;

» tâchez de m'écrire; j'aurai beaucoup de plaisir à
» recevoir vos lettres , dussent-elles me coûter fort
» cher !

Émile de V***.

» Ces dames se portent bien , elles vous disent
» mille choses. La mère revient à Napoléon ; Sophie
» l'a toujours aimé , parce qu'elle n'a pas un
» petit esprit ; quant à Adèle , c'est différent. »

On doit penser quel effet cette lettre produisit sur l'esprit des premiers interrogateurs. Les noms de conspirateurs , de traîtres furent prodigués , et cependant il n'était question dans cette lettre que d'une simple communication d'opinion entre deux amis.

Transféré dans les prisons de Corbeil, R*** devait , aux termes des lois , être livré sur-le-champ à l'autorité compétente ; cette charte constitution- nelle *octroyée* par celui qu'on disait le meilleur des Rois était positive. Les journaux criaient qu'elle était exécutée. Hélas ! les journalistes n'allaient pas dans les prisons, ils auraient vu combien Blacas a retenu de victimes dans les fers, malgré les lois , malgré la charte , malgré le bon sens. La police ad- ministrative n'a jamais été plus active que pendant le règne de ce ministre despote qui couvrait les idées libérales , qu'il ne cessait de prôner, de l'immense

éteignoir de l'ordre dont il était le chef su-
prême.

R*** ne fut point livré à la justice, il fut interrogé par les ordres exprès de Blacas (1).

L'arrestation de L*** eut lieu à peu près dans les
mêmes formes.

D'après les règles établies en France, il n'y a que
deux espèces d'autorités qui puissent faire arrêter
un citoyen; l'ordre d'arrestation ne peut émaner
que de la justice et de la police, et même, d'après
toutes les lois existantes, la police est obligée de
livrer sur-le-champ à la justice l'individu qu'elle
a fait arrêter. C'est l'observation de ces principes
qui garantit la liberté individuelle consacrée par
nos constitutions, et notamment par celle de 1814,
octroyée par Louis XVIII. L'article.... de cette
charte porte que nul ne peut être distrait de ses juges
naturels. C'est dire sans doute que nul ne peut
être arrêté et détenu que par les autorités compé-
tentes.

Voyons comment ces principes tant prônés dans
les journaux étaient exécutés.

L*** est arrêté sur un ordre émané du ministre
Blacas et signé de lui seul. Blacas avait-il le pouvoir
de délivrer cet ordre ? A cette question on répond

____

(1) Il n'existe au dossier aucune trace de son interrogatoire.

que Blacas n'appartenait ni à la justice, ni à la police. Son autorité n'était rien, il n'était même pas ministre d'état. Ses fonctions de ministre de la maison du Roi n'avaient aucun rapport avec les diverses branches de l'administration, qui avaient chacune un ministre séparé. Enfin Blacas n'était rien dans le gouvernement de la France.

N'est-il pas étrange de voir cet homme délivrer un mandat d'arrêt, et ne l'est-il pas encore davantage de voir cet ordre exécuté par la force publique ? Où est donc la liberté individuelle ? Que font ces juges naturels dont personne, aux termes de la charte, ne pouvait être distrait ? Y eut-il jamais d'arrestation plus illégale et plus arbitraire ! Encore un pas, et les lettres de cachet arrivaient avec le gouvernement libéral que les Cosaques nous avaient donné.

*Procès-verbal d'arrestation de L***.*

Cejourd'hui cinq août mil huit cent quatorze, à une heure du matin, en vertu d'un ordre de M. le comte de Blacas, ministre de la maison du Roi, dont nous sommes porteurs, avons requis le sieur Favard, brigadier de la gendarmerie, à la résidence de Montreuil-aux-Lions, département de l'Aisne, de nous prêter main-forte et de se faire accompagner de toute sa brigade de gendarmerie , ce à quoi il a obtempéré.

A une heure et demie , d'après la demande faite par nous de nous suivre chez le sieur Grassiot , aubergisté audit Montreuil , le susdit sieur Favard a demandé l'entrée dans la susdite auberge et l'a de suite obtenue. Ayant pris connaissance du local , et nous étant informé quels étaient les étrangers qui s'y trouvaient logés , nous avons jugé à propos d'attendre qu'il fît jour , avant de chercher à nous introduire dans les appartemens. A quatre heures nous avons fait ouvrir la porte d'uue chambre dans laquelle se trouvaient deux personnes ; leur ayant demandé leurs passe-ports , l'une d'elles a présenté un passe-port délivré le 7 juillet de la présente année. Lui ayant demandé les nom , prénoms, etc. a répondu se nommer L*** (Louis Bertrand) né à Joinville , département de la haute Marne , profession d'avocat , ayant fait les fonctions de commissaire des guerres , pendant deux mois. Lui ayant demandé s'il n'avait pas d'autres papiers que ce passe-port , il a tiré de sa poche uné pièce de vers intitulée : La vérité du siècle , ode sur les événemens de 1814. Ayant fait perquisition sur sa personne , nous n'avons trouvé rien de plus. Interpellé sur le sujet de son voyage , a répondu qu'il allait chez ses parens à Joinville , pour s'établir avoué près le tribunal de Wassy ; lui avons demandé audit sieur L*** s'il voulait reconnaître les deux pièces trouvées sur lui et cotées n°s 1 et 2 , et les parapher ; a répondu qu'il le voulait bien ; nous la lui avons fait signer. Interpellé de déclarer où étaient ses effets , a répondu qu'il n'en avait pas apporté avec lui , mais qu'il avait mis une petite caisse à la diligence , dont le bureau est dans la rue Notre-dame des Victoires ; que sur ce paquet était son adresse à Joinville.

Après lecture faite du présent procès-verbal , ledit sieur L*** ayant déclaré n'avoir rien à ajouter ni à retrancher dans sa déclaration , nous l'avons signé avec lui et ledit sieur Favard , brigadier de la gendarmerie.

Signé, PIVET DE BOESSULAN ,
lieutenant colonel de gendarmerie ,

L*** et FAVARD , brigadier.

LES VÉRITÉS DU SIECLE,

ODE

SUR LES ÉVÉNEMENS DE 1814 (1).

> Justum et tenacem propositi virum, etc.
> HORAT. , lib. III, od. III.

Après mille combats dont la terre étonnée
Doit garantir la palme à ta postérité ;
Après vingt ans de gloire et de prospérité,
O France , il est donc vrai, ta grandeur couronnée
    Connut enfin l'adversité !

Ah ! des rigueurs des dieux exemple mémorable !
Quoi ! ton nom, tes efforts, tes vaillans chevaliers,
Rien n'a pu te sauver ! On trahit tes guerriers ;
Tu fus assassinée, et le sort qui t'accable,
    En cyprès changea tes lauriers.

Et toi, vaste cité, nouvel espoir de Rhée !
Ville si long-temps vierge, âme de l'univers,
Tes deux monts foudroyés ont fixé nos revers ;
Ta splendeur fut captive , et ta tête sacrée
    A fléchi sous le poids des fers !

---

(1) Le manuscrit imparfait de cette Ode avait été saisi ; mais par les soins de M. le baron de Char***, juge d'instruction criminelle, il fut rendu à l'auteur avec la liberté.

Paris, tu l'as permis; tout a changé de face :
Arbitre des décrets d'un mobile sénat,
La ligue a consommé son farouche attentat.
Germains, vous triomphez; vous chantez la disgrâce
    D'un redoutable Potentat!

Ministres factieux, sénat pusillanime,
Le vainqueur d'Austerlitz fut par vous condamné!
Enrichis de ses dons, vous l'avez détrôné!
Oui, sans doute, il fallait une illustre victime
    A votre glaive empoisonné!

Nous ne le verrons plus, rayonnant de sa gloire,
Ce Monarque vanté, toujours triomphateur,
Guider nos bataillons dans les champs de l'honneur.
Au récit de sa chute, en parcourant l'histoire,
    Nos neveux frémiront d'horreur.

Jadis plus d'un héros l'orgueil de la patrie,
Pour prix de sa valeur reçut le coup fatal.
Rome exila Camille, adopta son rival;
Et quand il eut soumis la superbe Ausonie,
    Carthage bannit Annibal.

Mais d'affreux sentimens n'ont point troublé leurs âmes :
L'arrêt qui proscrivit ces guerriers généreux
N'a point frappé leurs noms d'un oubli scandaleux.
L'amitié put gémir, et des écrits infâmes
    N'ont pas flétri des malheureux.

Pour toi, NAPOLÉON, au sein d'un île obscure,
Quels pensers, quel espoir t'assiégent tour à tour!

T'oublier, te haïr sont les devoirs du jour,
Et l'aigle qui naguère étonnait la nature,
        N'est plus pour nous que le vautour.

Tu le sais, des ingrats, dans leurs transports horribles,
Ont brisé tes faisceaux, dégradé les Français :
Leurs discours imposteurs réprouvent tes hauts faits;
Eh quoi! sous tes drapeaux, nos frères invincibles
        N'ont-ils commis que des forfaits?

J'ai vu, j'en tremble encore! un essaim de rebelles,
Excitant des Baskirs le tumulte et les cris,
Saper ces monumens (1) qu'admirait tout Paris!
L'émule du vainqueur du Granique et d'Arbelles
        Disparut au regard surpris!

Ainsi les fiers Latins, au sein du Capitole,
Abjurant leurs sermens et trompant leurs aïeux,
Pour consacrer leur culte à d'autres demi-dieux,
Ont renversé souvent et l'autel et l'idole
        Devant qui tout baissait les yeux.

Fidèles compagnons d'un héros magnanime,
On méconnut en vous l'élite des soldats !
Retenus par la gloire en de lointains combats (2),
Vous ne pouviez alors garantir de l'abîme
        Et votre Alcide et ses États.

-----

(1) La colonne de la place Vendôme.
(2) Quand les alliés sont entrés dans Paris, la vieille garde était avec l'Empereur dans les plaines de Champagne.

Toutefois, si le sort est venu vous surprendre,
Ses coups n'ont point terni vos grandes actions.
Vous fûtes constamment l'effroi des nations.
Vous êtes immortels : la honte d'Alexandre (1)
     Fit triompher ses légions.

Ta parricide main a détruit ton ouvrage, (2)
Peuple inconstant, frivole et fâcheux novateur,
Le Russe que ta joie a fêté sans pudeur,
En politique adroit s'il a servi ta rage,
     A su bien mieux servir son cœur.

Et toi, roi des Germains, l'espoir de ta famille,
A la foi d'Albion tu t'es abandonné !
Tu frappas le guerrier qui t'avait pardonné !
Pour plaire à tes rivaux tu détrônas ta fille,
     Et l'Éternel n'a pas tonné !

Innocent rejeton de l'auguste Louise,
Ta candeur avait su captiver tous les cœurs !
Par toi, ce vaste empire, oubliant ses douleurs,
Eût été quelque jour une terre promise,
     Ta main eût essuyé nos pleurs !

---

(1) Il est inutile de le prouver : chacun sait quels moyens et quelles gens l'empereur de Russie employa pour envahir la France et arriver plus facilement dans notre capitale.

(2) Il ne faut pas croire que j'aie prétendu accuser tout Paris de ce qui s'est passé. La belle défense de la garde nationale et des simples citoyens, a prouvé le bon esprit de la capitale ; je n'ai voulu parler que de ces hommes jaloux de révolutions et intéressés au rétablissement de la féodalité, alors leur parti dominait.

Nouvel Astyanax , si Rome t'est ravie,
Epargne-toi contre elle un criminel essor.....
Mais du jeune Troyen tu n'as pas tout le sort ;
L'Andromaque moderne à qui tu dois la vie
       N'a point perdu son cher Hector.

Encore tout ému des adieux d'un monarque ,
Quand tu t'applaudissais de sa vaillante main ,
Sénat , tu nous offris un nouveau souverain !
Tu tiras de l'oubli des princes dont la Parque
       Avait respecté le destin.

Mais quels fruits enfanta le retour de ces princes ?
Notre empire est détruit , l'aigle altier rejeté ,
Le soldat est plaintif, le mérite insulté ,
Et la paix nous ravit cent fertiles provinces
       Conquises par la liberté.

Non , France , tu n'es plus l'oracle de la terre :
Tes remparts sont tombés : on méconnaît ta voix.
N'attends plus en ton nom de glorieux exploits ;
Oui , tu vas , désormais , au gré de l'Angleterre ,
       Languir esclave de vingt rois.

Bientôt , par les ressorts d'une autre politique ,
Tu vas changer d'esprit, de langage et d'humeur ,
Et devant l'Univers confessant ton erreur ,
Encenser , malgré toi , le tyran britannique ,
       Sous le nom de libérateur.

Insulaire effronté , signale ta furie :
Enfonce ton poignard , porte au loin ton poison ;

Qui peut de ces forfaits te demander raison?
L'Europe te contemple, et déjà l'Inde oublie
     L'embrasement de Washington (1).

Ainsi l'Anglais perfide est proclamé ton maître!
Français, n'as-tu bravé tant de nobles trépas
Que pour périr enfin victime de ton bras!
Tu cherchais le bonheur, mais hélas! plus d'un traître
     Égarait ton cœur et tes pas.

C'est peu d'un tel affront; c'est peu de nos alarmes!
De ces prélats dévots, le fiel ressuscité
A déjà fait sentir leur sombre autorité;
Enflés de leur triomphe, ils feront de nos larmes
     Offrande à la Divinité.

Sénat, voilà l'effet d'un arrêt téméraire :
Tu rougis maintenant de ton crime honteux;
Mais tu n'exerces plus un pouvoir ombrageux :
Les Bourbons à ta charte ont bien pu se soustraire,
     Ton nom s'éclipse devant eux.

Ah! loin de l'accabler en ces temps de souffrance,
Que n'as-tu secondé les efforts d'un héros!
Un jour, un jour encore il domptait ses rivaux;
Par là tu méritais l'hommage de la France,
     Tu couronnais tous nos travaux.

Nous serions affranchis de la glèbe servile;
Chacun eût conservé son rang et son emploi;

---

(1) Cette strophe fut composée au sortir des prisons.

La jeunesse honorée eût vécu sans effroi ,
Et nos aigles vengés , d'un vol encor facile ,
    Iraient au nord porter la loi.

Cher prince , puisqu'enfin tu n'es plus notre égide ,
Vis heureux dans ton île , en dépit d'Albion :
Ithaque sut charmer un vainqueur d'Ilion.
Si le sort te trahit , il trahit Aristide ,
    Et n'épargna point Scipion.

En vain mille jaloux rabaissent ton génie ;
Que peuvent contre toi leur délire et leurs traits ?
Ta gloire dans nos cœurs est gravée à jamais ,
Tu n'as rien usurpé ; tu bannis l'anarchie ,
    Tu fus le flambeau des Français.

C'est toi qui , terrassant la Discorde cruelle ,
Nous tiras du chaos où nous étions perdus :
Tu nous rendis les Dieux qu'on avait méconnus :
Tu donnas aux beaux-arts une splendeur nouvelle ,
    Et Rome en toi revit Titus.

Que les exploits fameux du guerrier qu'on outrage
Inspirent les accens d'un Homère nouveau :
Marengo , Friedlan , Wagram , plaines d'Eyleau ,
Éternisez son nom : les braves d'âge en âge
    Iront honorer son tombeau.

  Les gardiens des prisons qui ne peuvent recevoir un
détenu que sur un ordre émané d'une autorité compétente , reçoivent le malheureux L***. Il est mis
au secret à Meaux. Il est privé de toute communica-

tion avec la justice dont on craint l'impartialité. Il invoque l'autorité des lois, il réclame l'intervention du ministère public près le tribunal de Maux; mais c'est en vain : on lui déclare qu'il ne peut communiquer avec la justice, parce qu'il est prisonnier d'État.

Il subit d'abord un interrogatoire de la part d'un homme sans caractère, d'un certain Pivet de Boessulan, qui se dit lieutenant-colonel de gendarmerie. Cet homme, étranger à la justice, l'agent d'un simple intendant, car au fond Blacas était-il autre chose ? Cet homme commence d'abord par l'interrogatoire dont nous allons transcrire les passages les plus importans; mais on verra qu'on ne s'en tint pas à ces voies ordinaires.

6 août 1814.

Interrogateurs, MM. Pivet de Boessulan, lieutenant-colonel de gendarmerie, et Robert, se disant de Boisgelin, qualifié de juge d'instruction de la maison du Roi.

Demande. A quelle époque avez-vous pris la résolution de partir pour l'île d'Elbe ?

Réponse. Le désir de voir l'Italie et les instances d'un nommé P*** m'avaient inspiré ce projet, à l'époque où Napoléon était encore à Fontainebleau.

D. En quel temps P***, dont vous parlez, était-il à Paris, et en quel temps en est-il parti?

R. J'ai vu P*** à Paris vers la 9 avril, et il est parti huit ou dix jours après, incognito (1).

D. Comment avez-vous connu P***?

R. Je l'avais connu autrefois clerc chez M. B..... avoué; le hasard, a voulu que je le rencontrasse au Palais-Royal, lors de la rentrée du corps d'armée : ce jeune homme, très-vif, d'une imagination ardente, et possédant parfaitement l'art de persuader (2) m'avait en quelque sorte, gagné.

D. Expliquez-moi ce que vous entendez par le mot *gagner* ?

R. J'entends qu'il m'avait déterminé à le suivre en Italie, dont il parlait la langue et connaissait, disait-il, les usages.

D. Vous convenez qu'une lettre vous a été remise par un ami de P***; dites-moi ce que vous en avez fait ?

R. Je l'ai remise au jeune R***, avant son départ.

D. Que contenait cette lettre ?

---

(2) Notre ami se trompe en disant *incognito*. P*** prit un passe-port pour Marseille à la préfecture de police, ce n'est pas partir incognito.

(1) Le répondant a bien de l'indulgence.

R. J'ignore le contenu de la lettre ; le jeune homme me la remise cachetée (1).

D. Il n'est pas vraisemblable que le signataire de la lettre vous l'ait remise sans vous connaître , et que vous vous en soyez chargé sans savoir ce qu'elle contient.

R. Si l'on découvre le jeune homme qui m'a remis la lettre, il avouera qu'il ne sait pas mon nom et qu'il me l'a remise cachetée, en disant que P*** était à l'île d'Elbe.

D. Donnez-nous le signalement du jeune homme qui vous a remis cette lettre.

R. C'est un grand jeune homme , parlant fort bien sa langue, ayant vue basse , portant besicles, taille d'environ cinq pieds cinq pouces, âgé d'environ vingt-six ans.

D. En faisant coincider la date de votre passe-port qui est du 7 juillet, et la date de la lettre qui est du 11 du même mois , il en sort cette conviction que vous vous rendiez directement à l'île d'Elbe, puisque d'une part le passe-port est pour Marseille, et que P*** est à l'île d'Elbe.

R. Le jeune homme qui m'a remis la lettre m'a appris que P*** y était, qu'il le croyait du moins , sans être absolument sûr qu'il fut arrivé.

____

(1) C'est la vérité.

D. Je vous observe que cette lettre contient de la part du signataire le projet de renverser les Bourbons pour rétablir Bonaparte (1) , qu'elle contient en outre, de la part de ce même signataire, ces expressions : *Je ne voudrais pas , mon cher P*** que vous m'écrivissiez de l'île d'Elbe directement, cela pourrait me compromettre ; on croirait peut-être que j'ai des correspondances avec les ennemis de l'État* (2) *, et il en résulterait la perte de ma place* (3). Pareille lettre ne peut être confiée qu'à celui dont les opinions contre le gouvernement actuel sont connues , qu'à celui qui prend un passe-port pour Marseille, qu'à celui qui , comme vous , a manifesté dans un temps , l'intention de se rendre à l'île d'Elbe.

Vous savez qu'il suffit que vous soyez convenu que vous ayez été porteur d'une pareille lettre et que vous l'ayez remise au sieur R*** que vous avez déclaré savoir partir pour l'île d'Elbe , pour qu'aux

---

(1) Il n'y avait que Blacas et ses satellites, Pivet de Boessulan et Robert, qui pussent y voir ce projet ; cependant il faut être juste , et le substitut du procureur du roi à Paris , M. Rou***.

(2) C'est-à-dire les ennemis des Bourbons ; il faut se reporter à l'époque où la lettre a été écrite.

(3) Cette crainte seule ne détruisait-elle pas toute idée de participation à une conspiration ? Néanmoins elle s'est réalisée , le signataire a perdu son emploi.

yeux de la loi (1), vous soyez prévenu de correspondance avec les sujets d'une puissance dont les efforts tendent à détruire le gouvernement légitime des Bourbons. Qu'avez-vous à répondre à ces observations?

R. Je le répète, je n'ai pas lu la lettre du jeune homme, j'ignorais ce qu'elle contient; je ne croyais me charger encore une fois que d'une lettre d'ami.

D. Je vous lis un paragraphe de cette lettre adressée à P***; portant : « La France est tellement avilie et ravalée (2), sa situation est si pitoyable, qu'il lui faut un grand homme pour la relever. » Or, comment pouvez-vous dire que vous avez reçu cette lettre sans la lire; et si, comme il y a lieu de le croire, vous l'avez lue, avez vous pu la porter pour la remettre à des personnes qui conspirent, au sçu de tout le monde (1), dans l'intérieur pour ramener *ce grand homme*, afin de relever *cette France prétendue si avilie*.

R. Comme je l'ai déjà dit, j'ai remis la lettre sans connaître le contenu.

____

(1) Heureusement la loi ne voit pas si mal que MM. Pivet de Boessulan et Robert, se disant de Boisgelin.

(2) Ce n'était peut-être pas la vérité?

(3) Depuis quand des conspirateurs font-ils connaître leurs desseins à tout le monde ?

D. Connaissez-vous enfin d'autres agens de Bonaparte que ceux ci-devant indiqués, et même quelques membres du *comité secret* dans l'intérêt de ce dernier ?

R. Je jure ne connaître d'autres individus auxquels j'ai fait part de mon dessein, que mon cousin, l'ami de M. P***, et le nommé Benoît (1).

Le 7 août, nouvelles tentatives de la part du ministre Blacas. L'interrogateur de L***, suivi de deux officiers, dont l'un, décoré de la croix de Saint-Louis, portait les marques distinctives d'un général de la maison du roi, eut l'impudence de retourner près de lui, sous le prétexte de le faire expliquer plus franchement qu'il ne l'avait fait la veille. Bien que ces personnages n'eussent aucun ordre, aucune mission écrite, il fallut que L*** leur fût remis par le geolier. Il fut donc tiré de son secret et mené dans la salle des délibérations du tribunal de Meaux.

Le concierge ne voyant point avec ces individus le brigadier de gendarmerie qui avait écroué L***, voulut rester près de lui pour l'assister et se conformer au règlement ; mais il fut contraint de s'éloigner. On enferma L*** sous clef, et on le pressa de se confesser membre d'une conspiration ; on lui déclina les noms de plusieurs grands personnages auxquels on le supposait dévoué : on lui dit que la cour

______

(1) Espion du comte d'Artois.

les soupçonnait, et attendait de sa part une déclaration par le moyen de laquelle on pourrait les arrêter et séquestrer leurs papiers; on lui présenta la liste de ces personnages (1), et on lui promit, s'il voulait la signer, sa liberté, des honneurs, la faveur du prince, et une discrétion entière. On finit par lui notifier que c'était le seul moyen d'éviter une mort prochaine. Inutiles efforts, on eut beau chercher à l'épouvanter, notre ami n'avait d'autre crime à se reprocher que son exil volontaire et la justification qu'il avait entreprise d'un souverain infortuné.

Le général, qui d'abord lui avait parlé avec douceur, ne pouvant ébranler sa fermeté, s'emporta tout à coup, et arrivant brusquement à lui, il lui mit le poing sur la gorge, le traita de sanguinaire; puis invitant ses deux compagnons à le suivre, il partit en s'écriant avec rage : « Votre procès est décidé, vous êtes un jeune audacieux, un criminel de lèse-majesté; vous vouliez soulever Paris avec votre écrit incendiaire, et vous alliez rejoindre les ennemis de l'état : vous mourrez; mais avant de monter à l'échafaud, on vous torturera. »

Il en est qui douteront peut-être de la vérité de ce que nous osons annoncer; mais nous déclarons

---

(1) Cette liste nous la connaissons, mais nous croyons inutile de la révéler au public.

que nous sommes incapables d'en imposer, et qu'il
n'y a rien dans ce mémoire qui ne soit de la plus
sévère exactitude.

La fourberie et l'atrocité peuvent-elles aller plus
loin? et le dey d'Alger aurait-il agi différemment?
Voilà cependant les armes dont se servait le gouvernement *paternel* des Bourbons pour se défaire des
hommes dont il craignait les lumières et l'influence :
c'en était fait d'eux, si notre ami avait eu moins de
courage; ils auraient été victimes de la plus lâche
calomnie.

Toutes ces horreurs se passaient à côté du temple
de la justice, de cette justice, la sauve-garde des
citoyens, sans qu'il fût permis à ses membres d'élever la voix en faveur de la malheureuse victime du
despotisme ministériel, le plus terrible et le plus à
craindre de tous. Le directeur même de la police
n'en savait rien, et le chancelier Dambray l'ignorait aussi ou feignait de l'ignorer.

Voilà en abrégé quel fut le premier acte de cette
procédure monstrueuse, qui est peut-être sans
exemple dans un empire constitutionnel. Tout avait
été fait à Meaux sur un pauvre jeune homme éloi-
gné de sa famille et de ses amis; on avait pu impu-
nément violer toutes les lois sans faire trop de bruit.
Comme le second acte devait se passer à Paris, que
ceux qui devaient y figurer pouvaient avoir et

avaient en effet des amis prêts à élever la voix en leur faveur, que l'un faisait partie de la garde nationale, et l'autre était employé dans une administration, et que par conséquent leur arrestation pouvait faire du bruit, il fallait avoir l'air de suivre les règles, sans cependant s'interdire l'arbitraire et le secret qui leur était si nécessaire.

Avant de parler de cette arrestation, disons un mot sur la hiérarchie des tribunaux.

La loi charge le procureur impérial de requérir près des juges d'instruction l'arrestation et la mise en accusation des personnes prévenues d'un crime ou délit, et lorsqu'il existe contre eux des indices graves. Mais comme le procureur impérial ne peut pas tout faire par lui-même, il a fallu lui adjoindre des substituts ; ces substituts dépendent entièrement de lui ; il est même responsable vis-à-vis de l'autorité supérieure.

Il y a deux espèces de substituts : les uns portent la parole à l'audience et sont attachés à une chambre du tribunal près lequel ils exercent leurs fonctions ; les autres sont établis pour le service du parquet. Les fonctions de ces deux espèces de substituts sont distinctes et séparées ; ils ne peuvent pas empiéter les uns sur les autres. Un substitut du parquet ne peut point porter la parole à l'audience, *et vice versâ ;* un substitut de chambre ne peut pas se mê-

(39)

ler de l'instruction spécialement réservée au premier.

Lorsqu'il y a une instruction à faire, un réquisitoire à donner, c'est au procureur impérial que les pièces ou la dénonciation sont adressées, et c'est lui qui désigne un substitut : si, par cas, le procureur impérial est impliqué dans l'affaire, les pièces sont envoyées au procureur général de la cour impériale, qui désigne alors le substitut. Telles sont les règles établies par la loi, et dont on ne peut s'écarter qu'en se jetant dans l'arbitraire et dans des formes illégales.

La lettre qu'on avait saisie dans les papiers de R***, le cousin de L***, avait fait veiller sur de V*** qui l'avait écrite : on avait soigneusement décacheté ses lettres à la poste. Il ne leur fut pas difficile de connaître l'arrivée de P*** son ami. Aussitôt Blacas les fit suivre par ses espions, et le 7 septembre, il les fit arrêter tous deux.

D'après les principes que nous avons énoncés, on aurait dû s'adresser à M. le procureur impérial, alors procureur du roi; mais on redoutait l'intégrité de M. Courtin, qui ne se serait pas plié à tous les actes arbitraires de l'intendant Blacas. Il fallut donc choisir un substitut dont l'esprit fut convenablement disposé; on s'adressa à M. Rou*** qui ne démentit point la confiance qu'on avait eu en lui.

Nous ne prétendons pas ici accuser cet ex-magistrat, mais nous devons dire la vérité, et nous la dirons; si M. Rou*** se trouve compromis, nous en sommes fâchés pour lui. Celui qui s'attache rigoureusement à la loi, sans viser à la faveur du ministre, ne craint jamais le changement de gouvernement.

M. Rou*** reçut de Blacas l'ordre de nous faire arrêter, et M. Rou*** exécuta cet ordre en le faisant légaliser par M. G. de Ch***, juge d'instruction.

Avant d'aller plus loin, nous déclarons que nous n'avons pas à nous plaindre de M. Ch***; qu'on ne peut lui reprocher qu'un peu de faiblesse. Il n'a cessé de dire, pendant toute l'affaire, que l'opinion seule n'était pas un motif d'arrestation; il nous plaignait, et nous sommes persuadés qu'il était sincère : mais comment aurait-il pu résister aux ordres exprès d'un favori tout puissant par la faiblesse du chef de l'État.

D'abord, l'ordre de Blacas était-il obligatoire pour un membre de la justice dont la plus belle prérogative est d'être indépendant? Non, sans doute, puisque Blacas, comme nous l'avons déjà dit, était étranger à la justice, et qu'il n'avait réellement aucune fonction dans l'état.

M. Rou*** devait-il exécuter ses ordres, même

en les supposant donnés légalement? Non, et pour deux raisons.

1°. Il était substitut de chambre; il ne pouvait pas se mêler des affaires du parquet; c'est un point bien reconnu.

2°. Quand il aurait été substitut du parquet, il fallait au moins qu'il prît les ordres du procureur du roi son supérieur; c'est ce qu'il n'a pas fait. Il s'est enveloppé de l'ombre du mystère; enfermé seul avec M. de Ch***, ils n'ont communiqué avec personne, et *l'affaire n'a été enregistrée ni au greffe ni au parquet.*

Il est bien étonnant qu'un substitut se permette de son chef des actes de cette espèce; il l'est bien davantage que le juge d'instruction ait la faiblesse de les recevoir.

Mais, dira-t-on, peut-être qu'ils ont enfreint les règles involontairement. Cette excuse ne leur est pas permise; tout annonce le secret et l'arbitraire: les portes sont fermées, point de traces d'enregistrement. M. Courtin lui-même, sur quelques rapports vagues qui lui sont faits, envoie demander les pièces, et *elles lui sont refusées;* et par qui? par son substitut! Vit-on jamais une procédure plus étrange?

*Réquisitoire de M. Rou***.*

Attendu que des pièces qui nous ont été transmises de la part de son excellence le ministre de la maison du roi, il résulte une prévention suffisante que les nommés L*** et R*** sont les intermédiaires d'une correspondance entretenue avec un des agens de Bonaparte à l'île d'Elbe, par différens individus prévenus d'être ou auteurs ou complices d'un complot fait à Paris, et tendant à amener la guerre civile en France.

Attendu que des différens renseignemens tirés de ces pièces, ou qui nous sont parvenus directement, il résulte contre les nommés de V*** et P***, demeurant l'un et l'autre rue de Bourbon, faubourg Saint-Germain, n°. 55, la prévention suffisante que ces individus sont les auteurs de cette correspondance, et qu'ils participent au complot dénoncé (1);

Attendu que M. le juge instructeur, en informant, doit employer tous les moyens indiqués par la loi pour découvrir le crime, les coupables, et

____

(1) Il n'y avait d'autres renseignemens que ceux que pouvait avoir donné L***, et la lettre qui lui avait été remise ; certes il était difficile de trouver, soit dans ces renseignemens, soit dans cette lettre, les traces d'un complot, à moins que l'on ne prît toutes les opinions contraires pour des conspirations.

saisir tous instrumens qui ont pu servir à commettre ce crime, ou à tenter de le commettre;

Nous substitut de M. le procureur du roi,

Requérons que M. le juge instructeur, de nous accompagné, aux termes des dispositions du code d'instruction criminelle, se rende à l'instant au domicile desdits de V*** et P***, pour s'assurer s'il n'y existe aucune correspondance avec les ennemis du royaume; que perquisition exacte y soit faite à cet effet; que tous les papiers y soient vus et examinés; que saisie soit faite de tous ceux qui pourront fournir des renseignemens utiles à la manifestation de la vérité, ou servir de pièces à conviction, ou qui seraient suspects;

Que lesdits de V*** et P*** soient interrogés, pour être ensuite, par nous, les pièces ayant été communiquées, requis et par M. le juge instructeur ordonné ce qui sera jugé convenable.

Au Palais, à Paris, le 6 septembre 1814.

Signé Ro.....

Le 7 septembre au matin, nous fûmes fort étonnés de voir arriver chez nous deux hommes en robe noire, qui se dirent, l'un procureur du roi, et l'autre juge d'instruction; ils étaient accompagnés des agens de la justice. Nous étions au lit; il fallut se lever; on saisit à l'instant nos papiers, on dresse procès-verbal du tout, et l'on nous force de venir au Palais. Nous croyons avoir lu dans quelque loi qu'il fallait, en arrêtant un citoyen, lui donner copie de l'ordre, et que cet ordre devait contenir le motif de l'arrestation. P*** le demanda trois fois, et trois fois il lui fut refusé de la manière la plus expresse; il requit qu'il en fut fait mention sur le procès-verbal, et sa réquisition ne fut point écoutée. On lui dit positivement qu'en persistant il gâterait son affaire; il fallut obéir puisque nous n'étions pas les plus forts.

Ainsi, tout en ayant l'air d'être arrêtés par la justice, nous étions véritablement à la discrétion de Blacas. Toutes les formes étaient violées; M. Ro..... oubliant ses devoirs les plus sacrés, obéit aveuglément à ce ministre qui lui défend de communiquer la procédure au procureur du roi. M. Courtin, ce procureur, ce chef du parquet n'est plus écouté par son inférieur, qui ne craint pas de tirer vanité de l'infraction des lois. Il n'ignorait pas qu'il agissait illégalement; mais il faisait sa cour au favori, et peut-être avait-il déjà sa parole qu'il remplacerait le magistrat intègre qu'on n'avait pas osé charger de cette odieuse mission.

Arrêtons-nous ici un moment, et jetons les yeux sur cette procédure; elle nous décèle l'esprit du

gouvernement. Il y avait une charte constitutionnelle, elle était censée devoir être exécutée; mais il
est évident qu'elle n'était que dans la bouche des
gouvernans, et qu'elle n'a jamais été dans leur
cœur. Tantôt on la viole ouvertement, lorsqu'on
peut le faire en silence; la détention de L*** et celle
de R*** en sont une preuve assez manifeste. Lorsqu'on craint les réclamations, on allie adroitement
les formes arbitraires à celles de la justice; on
gagne les magistrats, et le malheureux contre
lequel un ministre a lancé une véritable lettre de
cachet, paraît être livré à l'autorité légitime de la
justice. Cette manière est la plus dangereuse, les
coups sont portés sous le voile respectable des lois;
le malheureux qui en est l'objet n'a pas même le
droit de se plaindre. Il devrait y avoir un article
précis de loi qui punît de la peine capitale le magistrat qui, par ambition ou par complaisance, ose-
rait oublier ses devoirs pour obéir aux ordres arbitraires d'un ministre, quel qu'il soit. La sainteté de
la justice, la sûreté des citoyens le réclament du
grand monarque qui vient rallumer parmi nous le
flambeau éteint de la liberté.

Amenés au Palais de Justice, nous subîmes un
interrogatoire rigoureux, dans lequel nous décla-
râmes l'un et l'autre ce qui nous était arrivé. Nous
rapporterons ici les principaux passages de cet interrogatoire.

*Extrait de l'interrogatoire de M. Paul Emile de V***.*

D. Lors de son voyage en Italie, M. P*** n'a-t-il pas été à l'île d'Elbe ?

R. Il m'a dit qu'il y avait été.

D. Vous a-t-il parlé des personnes qu'il a vues dans cette île ?

R. Il m'a parlé du général Drouot.

D. Avez-vous écrit à P*** à l'île d'Elbe ?

R. Oui ; mais je ne crois pas que la lettre lui soit parvenue.

D. Cette lettre contient des expressions outrageantes pour notre souverain légitime ; ces notes que nous avons saisies et que vous avez cherché à soustraire à notre surveillance sont écrites dans le même sens ; d'où il suit (1) *que vous entretenez correspondance avec les ennemis du roi et de l'Etat, et que vous professez vous-même des opinions conformes aux leurs.*

R. La note que vous avez saisie n'est pas de moi,

______

(1) Voilà une conséquence bien déduite ! N'est-on pas quelquefois possesseurs d'écrits et de caricatures secrets ? S'ensuit-il de là la conséquence qu'on est en correspondance pour renverser le gouvernement, surtout lorsque les écrits n'annoncent aucuns projets. On verra plus bas quel était l'écrit dont il était ici fait mention.

elle a été écrite par P***. Je n'ai entretenu aucune correspondance avec *les ennemis de l'Etat*, et je ne crois pas que cette lettre contienne rien de répréhensible,

etc. etc.

*Interrogatoire de P****.*

D. Vous avez été depuis peu en Italie ?

R. Oui, monsieur.

D. Avec qui?

R. Avec un Italien de Rome, nommé Bar.....

D. Qu'est devenu M. Bar.....?

R. Il est entré en France avec moi; j'ai reçu depuis peu des lettres de lui de Lyon.

D. Avez-vous été avec lui à l'île d'Elbe?

R. L'idée nous en était venue; mais comme on était obligé de faire quarantaine, cela nous en a empêché.

D. Vous ne dites pas la vérité; nous avons la certitude que vous avez parlé à Bonaparte et au général Drouot.

R. Je conviens que j'ai été à l'île d'Elbe; mais comme nous nous sommes aperçus qu'il en résultait une impression défavorable contre ceux qui y avaient été, nous avions résolu l'un et l'autre de n'en rien dire.

D. Quel motif vous y a porté ?

R. Un pur motif de curiosité. J'ai vu en effet Napoléon qui m'a interrogé sur mon état, mon pays et la cause qui m'amenait ; je lui ai répondu *ad hoc*.

D. N'étiez-vous point porteur de lettres de plusieurs personnes pour l'île d'Elbe ?

R. Non, monsieur.

D. Votre camarade en avait-il ?

R. Non.

D. En avez-vous rapporté en France ?

R. Aucune.

D. Avez-vous vu le général Drouot ?

R. Oui, monsieur.

D. Avez-vous vu là d'autres personnages marquans ?

R. Non.

D. Combien de temps êtes-vous resté à l'île d'Elbe ?

R. Huit à dix jours.

D. Quel jour l'avez-vous quittée ?

R. Un vendredi, dans les premiers jours de juillet.

D. Vous connaissez un nommé Louis Bertrand L***₃

(On rappelle ici le projet qu'ils avaient formé d'aller ensemble à l'île d'Elbe.)

D. Avez-vous reçu commission de Bonaparte pour embaucher à Paris ?

R. Non, monsieur; si j'avais été l'agent de Napoléon je ne serais pas venu à pied de Livourne à Paris, et je n'aurais pas engagé ma malle à Gènes et à Lyon pour 100 fr.

D. Avez-vous correspondu avec l'île d'Elbe, depuis que vous l'avez quittée ?

R. Non, ni même écrit de l'île d'Elbe à personne.

D. Vous savez qu'il y a ici des menées et des embauchages pour Bonaparte; vous devez les dévoiler à la justice.

R. Je vous assure, sur ma parole d'honneur, que je n'ai aucune connaissance des menées ou embauchages.

D. N'avez-vous vous-même aucun reproche à vous faire à ce sujet ?

R. Non (1).

D. Cependant avec l'opinion que vous avez en faveur de Bonaparte, et que nous avons connue

---

(1) On entra ici dans les détails qui n'ont point été écrits dans le procès-verbal. On parla des mêmes personnes qu'on avait voulu faire accuser par L***; on soutint même au répondant qu'il avait été plusieurs fois chez elles ; on citait particulièrement des circonstances, mais on n'osa pas s'ouvrir ouvertement, comme on l'avait fait à l'égard du premier. Les réponses fermes de l'accusé ne permirent point de hasarder la confidence.

4

par les papiers que nous avons saisis chez vous, ayant été le voir à l'île d'Elbe, et logeant chez de V*** qui partage vos opinions, et qui vous a écrit dans le même sens à l'île d'Elbe, vous devez être fortement soupçonné de ne pas vous en être tenu à un simple voyage de curiosité.

R. Le papier que vous avez trouvé chez nous, et qui est écrit de ma main n'est pas de moi.

D. Savez-vous qui a fait cette prophétie ?

R. Non, monsieur.

D. Dans quelle maison l'avez-vous copiée ?

R. Dans le foyer de l'Odéon ; j'ai vu une personne qui me l'a lue, et je l'ai copiée sous sa dictée dans un café.

Lecture faite, etc.

Ces deux interrogatoires, que nous avons littéralement copiés dans leurs parties essentielles ne renfermaient, comme on le voit, rien qui annonçât un complot, ou une correspondance coupable ; et cependant les interrogés avaient été sincères, comme on le verra par la suite.

M. de Ch*** ne paraissait pas disposé à nous retenir ; nous lui avions donné notre parole d'honneur de nous représenter à toute réquisition ; il ne voyait dans toute cette affaire qu'une simple opinion qui n'était accompagnée d'aucun fait qui indiquât un dessein criminel ; et selon lui, comme selon toutes les personnes raisonnables, une simple opinion n'était pas suffisante pour faire retenir un citoyen en prison ; mais le substitut paralysa sa bonne volonté par le requisitoire qu'on va lire ; il fallait avoir l'esprit prévenu, ou vouloir absolument nous trouver coupables, pour envenimer ainsi des réponses et des écrits qui ne décelaient, on le répète, qu'une simple opinion.

Réquisitoire de M. le Substitut Ro.....

Attendu qu'après avoir fait perquisition dans la chambre occupée par le nommé de V***, rue de Lille, n° 55, domicile dans lequel s'est trouvé le nommé P*** ; et le juge d'instruction a saisi une grande quantité de papiers qu'il faut examiner ;

Qu'en procédant, le sieur de V*** a cherché à cacher dans la manche de son habit un écrit injurieux à la personne de S. M., contenant même des expressions séditieuses, écrit que P*** est convenu devant nous avoir copié de sa main (1) ;

Attendu que ledit de V*** est convenu qu'il était l'auteur de la lettre écrite à P*** à l'île d'Elbe, et qu'il a confiée au nommé L*** ;

Attendu que P*** a fait un voyage à l'île d'Elbe ;

____

(1) La prophétie.

4.

que, depuis son retour, il est resté caché à Paris chez de V*** (1);

Attendu que ces deux individus sont liés et associés avec plusieurs autres personnes prévenues d'avoir entretenu des correspondances dangereuses (2) et *d'avoir pris part à un complot tendant à amener la guerre civile en France;*

Attendu que de V*** et P*** n'ont avoué que ce qui leur a été impossible de nier; qu'il est évident qu'ils se renferment dans des réticences sur beaucoup d'autres faits importans à connaître;

Nous requérons que, par M. le juge instructeur, il soit décerné un mandat de dépôt contre chacun des deux susnommés de V*** et P***; qu'il soit ordonné au concierge de la prison de la

---

(1) P*** n'était pas caché, puisqu'il a monté plusieurs fois la garde, après son retour, et qu'il a paru souvent au conseil de la compagnie, où il a donné l'état de ses services, et a coopéré, sur l'invitation du capitaine, au travail nécessaire pour la délivrance des brevets du lis. M. Rou*** connaissait ces circonstances, il les avait apprises de la bouche même du répondant, et avait lu chez lui les billets de garde et l'invitation de venir travailler au conseil de la compagnie. Il avait même arrêté ledit P*** en habit de garde nationale, qui se préparait à aller à la revue, qui fut passée ce même jour 7 septembre; mais la circonstance qu'il était caché envenimait la procédure: vraie ou fausse, il fallait qu'elle y figurât.

(2) Cela est de toute fausseté. Aucune réponse de l'interrogatoire, aucune pièce, aucun indice, aucune dénonciation ne fait soupçonner ce fait; ils n'étaient liés l'un et l'autre qu'avec L***.

Force, où ces deux prévenus seront déposés, de les tenir au secret.

Fait à Paris, le 7 septembre 1814.

Signé Rou.....

Le lendemain, nous fûmes ramenés au Palais ; on ouvrit devant nous le carton dans lequel devait se trouver sans doute toute la correspondance avec l'île d'Elbe ; mais ils n'y virent que des papiers insignifians, à l'exception des pièces suivantes écrites de la main de P*** :

PREMIÈRE PIÈCE.

ODE

Sur l'entrée des Cosaques (1).

J'AI vu des hordes féroces
Abandonnant leurs forêts,
Tourner leurs regards atroces
Sur nos fertiles guérets.
Rien ne résiste à leur rage ;
Le fer, le feu, le carnage,
Font connaître leur fureur ;
Et partout leurs mains sanglantes,
Dans nos cités florissantes,
Sèment la mort et l'horreur.

---

(1) Cette Ode est telle qu'elle fut d'abord composée ; elle a sans doute des défauts ; mais nous la rapportons seulement comme pièce de la procédure.

Mais que vois-je ? par des fêtes
Paris reçoit l'étranger,
Les Français tendent leurs têtes
Au fer qui doit les trancher !
Un Cosaque a leurs caresses !
Chez les rois, par des bassesses,
Tous brûlent de s'avilir,
Et chacun, dans sa démence,
Osé appeler délivrance
 Le coup qui doit l'asservir.

Aux ruines de la France,
Applaudis tyran des mers ;
Désormais en assurance
Domine sur l'univers ;
Le Français, dans son délire,
De sa propre main déchire
L'ouvrage de son héros ;
Et sa rage meurtrière
Fait ce que tu n'as pu faire
Avec tes mille vaisseaux.

Quoi ! lorsque pour la patrie
Nous vainquîmes tant de fois,
Nous la voyons avilie,
Et passer sous d'autres lois ?
Et lorsque la France accuse
Un Castiglione, un Raguse,
Des plus noires trahisons,
On ne voit point le tonnerre
Écraser contre la terre
Ces deux horribles félons.

Mais parmi tant d'imposture,
Tant de crimes, de forfaits,
Il en est qui gardent pure
La gloire du nom français.
La patrie encor se vante
De Bertrand, Drouot, Tarente,
Davoust, Carnot et B***......
Leurs cœurs, à l'honneur fidèles,
Seront toujours les modèles
Des véritables guerriers.

Et toi, prince magnanime,
Digne d'un plus heureux sort,
Eugène, ton nom sublime
Triomphera de la mort :
Vrai Bayard de notre siècle,
Ton courage a pris pour règle
Honneur et fidélité :
Ainsi ta noble vaillance,
Dans la chute de la France,
Trouve l'immortalité.

Ne crois pas être tranquille
Sur le trône de nos rois,
Parce qu'un peuple indocile
Ose proclamer tes lois :
Ce vil peuple qui t'encense,
Et dont la lâche insolence
Ose insulter au malheur,
Devant un homme intrépide
Fuira comme un cerf timide
Qui voit l'ombre du chasseur.

Mais quoi ! cette foule impure
Que signalent les forfaits
Et la plus vile imposture
Serait le peuple français ?
Je n'y vois que mercénaires,
Que lâches folliculaires,
Rebut de la nation :
Le vrai peuple, en traits de flamme,
Porte gravé dans son âme
Le nom de NAPOLÉON.

L'homme juste, l'homme brave,
Tient à son opinion ;
On ne voit qu'un vil esclave
Courber au joug sa raison :
Devant moi, la flamme et l'onde
Peuvent ébranler le monde
Jusque dans ses fondemens ;
Mon âme toujours sublime,
De la terre qui s'abîme,
Foule les débris fumans.

C'est ainsi que sont encore
Ces invincibles guerriers,
Dont l'étranger même honore
Et respecte les lauriers ;
Aujourd'hui les baïonnettes
Rendent leurs bouches muettes,
Mais ne changent point leurs cœurs,
Bientôt, ainsi que la foudre,
Ils sauront réduire en poudre
Tes lâches adulateurs.

DEUXIÈME PIÈCE.

PROPHÉTIE TIRÉE DE L'ÉVANGILE.

En ce temps-là Jésus dit à ses disciples, vous croyez parce que vous voyez; mais il viendra un temps où les hommes verront et ne croiront pas, et ils seront les victimes de leur incrédulité. Un homme puissant dans l'art de la guerre régnera sur les Gaules, et les Gaules lui obéiront, et il sera nommé Empereur, et il sera attaqué par tous ses voisins, et ses voisins seront abattus, parce que la puissance sera dans son bras; et il se formera une coalition de tous les rois de l'Europe, et son beau-père sera de cette coalition, et les rois qu'il aura faits l'abandonneront; car il est écrit que les bienfaits font toujours des ingrats; et il sera poursuivi jusque chez lui; et il gagnera de grandes batailles malgré lesquelles l'ennemi viendra jusque dans sa capitale; et l'on verra alors tous les prêtres et les dévots prendre la cocarde blanche; et les nobles voudront avoir leurs biens, et ils ne les auront pas; et le peuple sera encore une fois sauvé de leur tyrannie, et il s'en réjouira; et les Français recevront leurs ennemis, ils les appelleront leurs libérateurs, et ils en seront pillés, et les ennemis leur prépareront des chaînes, et les Français ne les verront pas, tant sera grand leur aveuglement; et ils recevront un roi d'un main étrangère, et ce roi sera sans argent, et il promettra d'abolir les contributions. Il faudra nourrir et payer les armées étrangères, et le peuple sera foulé; et il criera, mais il ne sera pas entendu. Le roi sera faible, et il faudra qu'il soit gouverné; et l'ennemi voudra le protéger, et il s'emparera des places fortes et il les gardera, parce que ce sera son intérêt; et les Anglais prendront les flottes, et ils les emmèneront, parce qu'ils aimeront toujours les vaisseaux français; et la France n'aura plus d'armée, et elle sera soumise à ses voisins, et le roi le souffrira, et la France sera pour un temps dénationalisée; or, il arrivera que le peuple se révoltera, et il chassera son nouveau roi, et il prendra les armes; et le beau-père se repentira d'avoir donné à un étranger l'héritage de ses enfans; et il voudra le reprendre, et il levera des armées, et les aigles reprendront leur place : or, les méchans et les traîtres recevront leur récompense, et un nommé Chat*** sera pendu, et tout le monde s'en réjouira; car il faut que les faux dévots périssent. Ainsi soit-il.

TROISIÈME PIECE.

ÉPIGRAMME

sur le Traité fait par le comte d'ARTOIS.

On nous disait : La coalition
N'est pas contre la France ,
Mais contre la puissance
De votre grand Napoléon ;
Sur notre honneur, vous pouvez nous en croire ,
Mentir nous n'oserions ;
Car nous nous garderions
De ternir ainsi notre gloire :
Chez les Gascons la foi n'est pas bien forte ;
Je ne crus pas , et le diable memporte !
Je faisois les plus grands efforts
Pour me payer avec cette promesse ;
Mais aujourd'hui je vois , je le confesse ,
Qu'ils n'en voulaient qu'à nos trésors,
Nos places fortes et nos ports.

QUATRIÈME PIÈCE.

CHANSON,

Sur l'air du *premier Pas*.

Il reviendra le Héros de la France ,
Qu'au rang des rois la fortune éleva ;
Peuples, soldats , ayez bonne espérance,
Rien ne saurait prolonger son absence :
Il reviendra, il reviendra.

Il reviendra sur le char de la gloire,
Au nom français son éclat il rendra :
Avons-nous vu que jamais la Victoire,
De ses enfans ait perdu la mémoire ?
　　Il reviendra, il reviendra.

Il reviendra : du nom de légitime
Ce fut en vain que Louis se para,
Celui-là seul est pour nous légitime,
Qui par le peuple est mis au rang sublime :
　　Il reviendra, il reviendra.

Il reviendra signaler ta vaillance,
Bouillant neveu (1), ton vœu s'accomplira ;
Tu dois, dit-on, avec lui rompre lance ;
Mais calme un peu ta fière impatience :
　　Il reviendra, il reviendra.

CINQUIÈME PIÈCE.

Lettre écrite de Gênes , par P... à de V...

Le 21 juillet 1814.

Veni, vidi, redivi.

« Ces mots vous en disent assez, mon cher ami ;
vous fîtes jadis un pélérinage en Allemagne , et
moi, votre imitateur, je le fais maintenant en Italie ;
mais, hélas ! les motifs sont bien différens ; vous
étiez forcé, et mon infortune est volontaire ; j'ai

____

(1) Le duc de Berri.

vu, j'ai entendu bien des choses; le récit de mes aventures vous fera rire, quoiqu'elles n'aient pas toujours été heureuses pour le héros; c'est une de ces comédies allemandes où le pathétique se trouve mêlé dans les aventures les plus risibles. C'est l'amour qui vous ramena; pour moi c'est un autre motif; mais qui n'est pas moins impérieux. Quoi qu'il en soit, il faut se consoler de tout, et dire avec la chanson : « Cependant je n'en mourrai pas. » Je suis à Gènes, ville trop vantée, et je vais à Paris, cité bien désirée : il n'y a pas de conte ridicule qu'on ne fasse ici sur notre capitale; tantôt c'est le roi qui a été tué; tantôt c'est Périgord exilé; tantôt ce sont cinquante mille personnes arrêtées, etc., etc. Je ne crois rien de tout cela, et j'espère trouver le tout comme je l'ai laissé.

Je suis inquiet sur votre sort; est-il enfin déterminé? Croyez que je m'y intéresse autant que vous même.

Je serai à peu près comme vous lorsque vous arrivâtes (1).

Cette Italie tant prônée, qu'est-elle en comparaison de la France? Quel peuple! quel peuple! Vivent les Français! vivent mes amis! qu'il me

____

(1) C'est-à-dire sans argent ; c'est un plaisant conspirateur que celui qui n'a pas le sol.

tarde de revoir les uns et les autres. Je compte passer par Milan et Turin, d'où je me rendrai à Lyon ; faites - moi une prompte réponse , et adressez-la, poste restante dans cette dernière ville, franche de port, si cela est possible. Dites-moi ce que vous savez, ce que je trouverai à Paris, enfin écrivez-moi en ami.

Adieu, mon cher, je vous embrasse de cœur.

Signé, P***.

P. S. Ne parlez pas de mon voyage à ceux qui ne le connaissent pas. »

En tête du papier sur lequel l'Ode était écrite, se trouvait une note mise à dessein, portant qu'elle paraissait être l'ouvrage d'un militaire, et qu'elle était venue à la connaissance de P*** vers les premiers jours d'avril. Cette note et les réponses de l'auteur suffirent pour faire croire qu'elle n'était pas son ouvrage.

Il n'en fut pas de même de la Prophétie, elle fixa leur attention d'une manière plus particulière; elle promettait des événemens dont ils n'attendaient rien de bon ; c'en était assez pour les alarmer ; et si l'on en excepte la lettre écrite par de V*** dont R*** était porteur, elle devint une des principales pièces de la procédure. L'une et l'autre, d'accord sur le retour de l'Empereur, quoique d'ailleurs elles n'annonçassent pas que nous dussions y coopérer, ne contribuèrent pas peu à fortifier les soupçons qu'ils avaient conçus contre nous.

On ne fit aucune attention à l'épigramme, et la chanson passa fort heureusement entre deux feuilles de papier, surchargées de ratures, et ne fut point aperçue.

Quant à la lettre de Gênes, il n'y avait qu'un esprit mal tourné et prévenu comme celui du substitut, à la merci duquel nous étions livrés, qui pût y trouver à redire. Devant nous il fut le premier à s'écrier avec une espèce d'élan : Voilà ce qui prouve leur innocence ! et à peine fûmes-nous partis, qu'il la considéra comme une pièce criminelle qui prouvait un complot contre le roi, et le dessein d'allumer la guerre civile. Cet homme n'a pas cessé de se conduire ainsi pendant tout le cours de la procédure.

Après lecture des pièces, nous subîmes un nouvel interrogatoire : on avait vu dans nos papiers plusieurs écrits en langue arménienne que nous avons étudiée l'un et l'autre. Il n'y a pas de détails que nos interrogateurs ne nous aient demandés sur cette langue. Voici les principales questions :

D. M. de V***, vous nous avez dit que vous vous occupiez de la langue arménienne.

R. Je m'en suis occupé, mais je ne m'en occupe plus à présent.

D. Quelle est cette langue ? (1)

R. . . . .

D. Le sieur P*** s'en occupait-il ?

R. Oui, il s'en est occupé après moi, etc.

P*** *interrogé.*

D. Vous nous avez dit que vous vous occupiez de la langue arménienne ; depuis combien de temps ?

R. Depuis deux ans environ, j'étais inscrit sur le registre des langues orientales à la bibliothèque.

D. Nous avons la certitude que vous avez remis un placet à Bonaparte, pour être employé auprès de sa personne.

R. Nous le lui avons présenté un mardi, et nous sommes partis le vendredi soir, sans avoir reçu de réponse. Le général Drouot nous conseilla de retourner en France.

Lecture faite, etc., etc.

C'est pendant cette séance que M. Courtin, procureur impérial, envoya demander communication de la procédure. M. Rou....., comme nous l'avons

______

(1) Ancrie digue du Journal Royal ; on nous dispensera de mettre la réponse.

dit, la lui refusa ; il osa même lui faire dire que la cour ne reconnaissait d'autre procureur du roi que lui Rou.... d'ailleurs on prétendait que M. Courtin était impliqué dans l'affaire.

Étrange manière de couvrir l'arbitraire par la calomnie. Si M. Courtin était impliqué dans l'affaire, il fallait suivre les règles établies, faire désigner par le procureur général de la cour un substitut pour le remplacer.

Le magistrat, ainsi attaqué indirectement, se plaignit vivement au chancelier de la violation de ses droits et du tort que cela pouvait lui occasionner. Mais le chancelier, qui n'était que le très-humble valet du ministre Blacas, ne lui fit pas rendre justice pour cela.

Le substitut, pour traîner la procédure en longueur, fit le réquisitoire suivant, comme s'il n'avait pas eu déjà connaissance du procès instruit contre les deux victimes qui en étaient l'objet.

RÉQUISITOIRE.

Attendu que des renseignemens à nous parvenus, il résulte que les nommés L*** et R*** sont momentanément détenus, le premier dans la maison d'arrêt de Meaux, le second dans celle de Corbeil ;

Attendu qu'il est important d'interroger ces deux

individus prévenus d'être les complices des nommés P*** et de V***, contre lesquels une procédure s'instruit en ce moment, sur la prévention d'être auteurs ou complices d'un complot, tendant à renverser le gouvernement ;

Requérons que, par M. le juge instructeur, il soit donné des mandats d'extraction contre lesdits L*** et R***, lesquels seront traduits par-devant mondit sieur le juge instructeur, pour être interrogés, et être ensuite requis par nous, à leur égard, toute mesure qui sera jugée nécessaire.

Fait au parquet à Paris, le 9 septembre 1814.

Signé ROU......

En attendant, nous étions sous les verroux et au secret. Nous voyions clairement qu'on alongeait à dessein la procédure, et qu'on ne voulait, ni nous mettre en accusation, ni nous rendre à la liberté.

Nous restâmes dans une incertitude accablante jusqu'au 16 au soir, sans autre communication que celle du geolier qui venait nous apporter nos vivres.

Le 16 au soir, notre secret fut levé. Le premier usage que nous fîmes de l'espèce de liberté qu'on nous donna, fut de faire connaître notre détention à nos amis qui ne savaient pas ce que nous étions devenus. Nous eûmes la permission de voir une seule personne. Dès ce moment, toutes nos connaissances s'intéressèrent vivement à nous, les portes du juge et du substitut furent assiégées.

Cependant les jours se passaient en démarches et en sollicitations, et nous n'en étions pas plus heureux. L*** et R*** étaient arrivés depuis long-temps, et l'on ne pensait pas plus à nous qu'à tant d'autres qui gémissaient dans les prisons ; car, malgré les efforts des journalistes qui soutenaient que la liberté individuelle était respectée, nous voyions un grand nombre de personnes qui étaient détenues sans être mises en accusation, et si nous avions pu pénétrer dans les secrets, nous en eussions peut-être vu bien davantage.

Nous prîmes la résolution d'écrire au chancelier Dambray ; mais nous ignorons si c'est cette lettre ou les instances de M. le procureur impérial, qui avait à cœur de voir terminer cette affaire, par la raison qu'on avait prétendu qu'il y était impliqué, ou bien les sollicitations de nos amis qui commençaient à faire du bruit, qui engagèrent le chancelier à demander les pièces de la procédure. Elles lui furent envoyées le 24 septembre, et le 50 du même mois nous sortîmes tous quatre des prisons, par son ordre. On va voir, par sa lettre ci-jointe, comment il s'exprime à l'égard de l'extrême rigueur dont on a usé envers nous ; il feint d'avoir ignoré.

5.

(68)

et notre captivité et notre procédure rigoureuse : cependant on lui en parlait tous les jours ; M. le procureur impérial s'était même adressé plusieurs fois à lui.

Extrait de la lettre du chancelier Dambray.

Paris, 30 septembre 1814.

A M. LE BARON DE CH***, JUGE D'INSTRUCTION·

« J'ai examiné, Monsieur, avec la plus scrupuleuse attention, la procédure que vous avez instruite sur le réquisitoire de M. le Procureur du Roi, contre les sieurs P***, de V*** et consorts : en confrontant leurs réponses entre elles et avec les dénonciations qui pouvaient s'y rattacher ; en consultant les instructions faites à Paris et à Melun, pour découvrir ce qu'il pouvait y avoir dans cette affaire de dangereux pour la tranquillité publique et la personne de Sa Majesté, le résultat de mes recherches a été une conviction rassurante contre l'existence de toute espèce de conspiration, et par conséquent le regret des moyens sévères qui ont été employés ; ce qui fournit une nouvelle preuve de l'inutilité, pour ne pas dire du danger que présente le concours de trop d'efforts divers appliqués à des investigations qui sembleraient devoir n'appartenir qu'au département de la police générale.

Il résulte de la série des faits constatés par votre instruction, que vos quatre accusés ne sont que coupables que d'avoir inconsidérément projeté un voyage à l'île d'Elbe, qui n'a été accompli que par l'un d'eux ; mais, l'eussent-ils exécuté tous comme P***, il faudrait rechercher encore s'il y a lieu de leur en faire un crime ; car il n'y a que les intentions qui pourraient en faire un délit politique, et rien n'a pu faire découvrir la moindre trace de vues criminelles, dans les démarches inconsidérées de P*** et de ses associés. Ces quatre jeunes gens s'égaraient sans doute dans leurs opinions sur le gouvernement, et un mécontentement déraisonnable avait eu part à leur désir de s'expatrier ; mais ce désir ne se rattachait à aucun plan dangereux, ils n'avaient aucune relation clandestine avec les principaux personnages du dernier gouvernement, que l'on suppose être intéressés à accueillir et seconder les projets contraires à la sûreté de l'État. Si, parfois, quelques vues politiques ont paru se mêler aux discours de L*** et de R***, c'était, à ce qu'il paraît, par l'impulsion des insidieux confidens qui leur étaient donnés. Ces sortes de faux frères sont souvent obligés, pour mieux pénétrer les intentions de celui qu'ils observent, d'enchérir sur ses propres écarts, en lui montrant un enthousiasme feint et de chimériques espérances ; il est difficile que des jeunes gens sans expérience ne se laissent pas prendre dans de tels piéges.

Quelles sont, au fait, les seules pièces de conviction que vous êtes parvenu à découvrir ? C'est d'abord une ode manuscrite sur les événemens de 1814 ; pièce qui ne contient rien d'offensant contre la famille royale, et qui n'est qu'une plainte emphatique sur l'humiliation prétendue et le malheur de la France, depuis la défaite de celui qui la gouvernait. C'est encore une lettre écrite à P***, saisie sur R***, dont la première phrase rend justice aux intentions si connues du Roi, quoiqu'elle contienne des réflexions qui portent l'empreinte de l'inexpérience et de l'exagération propres à la jeunesse ; on y cite avec complaisance des bruits qui annoncent le retour de Bonaparte ; on y regrette le *gouvernement vigoureux* de cet *usurpateur* ; on y blâme celui des Bourbons comme étant *trop faible* ; enfin on y suppose la France humiliée, avilie, et soumise à l'Angleterre.

L'auteur de cette lettre, saisie sur L***, est un sieur de V***, qui n'a pas nié que cette lettre fût de lui, mais qui s'est défendu des interprétations répréhensibles qu'on pouvait lui donner. L'envoi de cette lettre, quelques notes dans le même sens trouvées sur de V***, et enfin son intimité avec

P***, sont les seuls griefs qui soient à la charge de cet accusé. Je ne vois rien dans tout cela qui puisse justifier une plus longue instruction, encore moins le renvoi des prévenus devant la chambre de mise en accusation. Je pense donc que le seul parti raisonnable est de mettre promptement un terme à cette procédure, et de rendre à la liberté des accusés qui sont suffisamment punis de leur étourderie par une détention qui, à l'égard de quelques uns, s'est prolongée près de deux mois.

Il ne me reste plus qu'à vous faire une observation relativement aux deux pièces qui vous ont été envoyées, sur votre demande, par M. de Blacas, et dont le substitut de M. le Procureur du Roi avait demandé la jonction à la procédure; comme vous ne l'avez pas ordonné, et qu'elles ne sont pas de nature à y figurer, parce qu'elles ne contiennent que des dénonciations vagues ou des rapports purement confidentiels, je ne vois aucun inconvénient à ce que ces pièces soient retirées de la liasse, pour m'être rendues et renvoyées par moi à M. le comte de Blacas, qui en fera l'usage que sa prudence lui suggérera (1).

---

(1) Ces pièces étaient sans doute l'interrogatoire secret de L*** qu'on n'a pas voulu laisser figurer dans la procédure, et des notes concernant un magistrat que la cabale et l'intrigue voulaient sacrifier : la jonction de ces dernières avait été requise par le substitut

Vous voudrez bien, Monsieur, communiquer cette lettre à M. Rou....., et vous conformer aux instructions qu'elle contient ; vous aurez soin de m'instruire du parti que vous aurez pris. »

Je suis très-parfaitement, Monsieur,

Votre affectionné serviteur,

Le Chancelier de France,

Signé DAMBRAY.

Attendu que S. Exc. monseigneur le Chancelier, après avoir examiné la procédure commencée contre les sieurs de V***, P***, L*** et R***, n'a trouvé aucune charge suffisante pour que l'information fût continuée,

Nous requérons que, par M. le juge instructeur, lesdits susnommés soient mis de suite en liberté,

---

qui y trouvait peut-être son intérêt ; mais le juge d'instruction repoussa ce réquisitoire, et le mode alors adopté était tel qu'on ne voulait pas qu'il parût la moindre trace de tout ce qui pouvait être odieux ou arbitraire ; d'ailleurs on était intéressé à frapper dans l'ombre.

On ne sera peut-être pas fâché de connaître la qualité de nos premiers dénonciateurs. L'un était un sieur Bard***, *ecclésiastique*, âgé de 55 *ans ;* on n'aurait peut-être pas cru que dans ce temps où l'autel jouissait de tous ses honneurs, ses ministres descendissent jusqu'à la délation. Nous en connaissons deux autres qui ont été capitaines de chouans ; ceux-ci du moins n'ont pas changé de métier.

et que, par une ordonnance de la chambre, il soit dit qu'il n'y a lieu à suivre.

Paris, le 30 septembre 1814. .

Signé Rou.....

M. Rou..... ne pouvait plus rétrograder après cette lettre; il fallut nous mettre en liberté, et il le requit ; mais il ne fonde son réquisitoire que sur la lettre du Chancelier; il ne parle pas une seule fois de notre innocence; il se réservait sans doute le droit de dire à Blacas : « Ils sont dehors; » mais ce n'est pas ma faute : je n'ai fait qu'obéir » aux ordres du Chancelier. »

C'est ainsi que finit notre captivité, après avoir été enfermés, sur une procédure illégale, requise par un magistrat sans pouvoir, et dérobée à la connaissance de celui qui seul avait le droit d'y figurer.

Nos familles en alarmes, nos amis dans la plus profonde tristesse, nos moyens d'existence presque anéantis, une surveillance des plus actives qui éclairait jusqu'à la moindre de nos actions, et l'impossibilité absolue d'occuper désormais aucun emploi public; tel fut l'effet de notre malheureuse captivité.

Quand nous n'aurions pas été , comme nous l'étions, d'une opinion contraire au gouvernement d'alors, il nous aurait mis, par la situation à laquelle nous étions réduits, dans la nécessité de désirer, de tout notre cœur, le changement qui vient de s'opérer d'une manière si miraculeuse et si heureuse pour la France.

Aujourd'hui il nous serait permis de dire que nous étions réellement coupables de la prétendue conspiration dont on nous accusait; nous pourrions même nous en faire une espèce de mérite; mais nous déclarons que tout notre crime se réduisait à une opinion ferme, inébranlable et peut-être exaltée en faveur du héros que nous n'avons jamais désespéré de voir rétablir sur le trône que la nation lui avait élevé.

Qu'on juge, par la procédure que nous venons de faire connaître, de ce qu'était la liberté individuelle sous le dernier gouvernement. Le peuple, abusé par de vaines promesses et par des assurances mensongères, avait cru un instant posséder cette liberté, qui sera toujours le bien le plus cher aux Français : mais il s'aperçut bientôt qu'il avait été cruellement abusé. Les engagemens les plus solennels furent violés; la liberté de la presse, sauvegarde de celle des citoyens ne dura qu'un jour. Un semblable gouvernement pouvait-il exister plus long-temps en France? Mais ce ne sont pas les seuls abus qui ont signalé ce règne de neuf mois.

N'avons-nous pas vu aussi la liberté des cultes me-
nacée; l'ancienne noblesse remise en possession de
ses absurdes prétentions; les votes émis, pendant
le cours de la révolution, recherchés et livrés à la
haine d'un parti altéré de vengeance; des noms
fameux servant de pâture à la calomnie autorisée
par la censure; le pouvoir des représentans, mé-
connu par l'ordonnance sur la Cour de cassation;
des jugemens inattaquables, arbitrairement annu-
lés, malgré l'indépendance proclamée de l'autorité
judiciaire; le retour aux institutions gothiques du
treizième siècle; la féodalité; les droits du peuple
mis en problème ou tournés en ridicule; la pro-
priété des biens nationaux ébranlée. Voilà ce que
tout le monde a vu pendant que ce gouvernement
était encore faible et mal assis. Que n'eût-il pas fait
s'il avait possédé l'affection de l'armée? Alors,
n'en doutons pas, cette charte constitutionnelle,
déjà mutilée, aurait disparu sans retour, et toutes
les anciennes institutions auraient repris leur place.
Sans doute, le peuple ne se serait pas vu impuné-
ment dépouiller de ses droits; il aurait repoussé
l'oppression par la force, et de nouvelles révolutions eussent été la suite du retour aux anciens
abus.

Quel est le Français, quel est le royaliste le plus
outré, mais de bonne foi, qui ose nier que la mort

du comte de Lille ne dût donner naissance à des prétentions opposées et à une guerre civile inévitable ?

Les promesses que Louis XVIII nous avait faites, l'Empereur les remplit. Ce que nous recevons de lui aujourd'hui, il le devait à la France; il ne donne pas, il ne fait qu'une déclaration solennelle des droits du peuple. C'est en vain qu'on ose élever des doutes coupables sur la sincérité des sentimens qui nous sont manifestés. Il n'y a que le faible qui trompe : Napoléon n'avait rien promis ; différent des Bourbons, il nous montre une âme grande et libérale ; il justifie en quelque sorte ce vers d'Horace, qu'on peut aussi appliquer à la politique :

Non fumum ex fulgore, sed ex fumo dare lucem.

Le vœu de la France est accompli, la cause de la liberté est celle de Napoléon ; ce sont ces deux noms sacrés, pour le peuple et pour les soldats, qui seront désormais notre signe de ralliement.

C'est en vain qu'on nous menace d'une guerre étrangère : les yeux des peuples sont dessillés. Pense-t-on que les Italiens, les princes de l'Allemagne, les Belges, les Espagnols, les Génois, veuillent s'armer de nouveau en faveur de quelques puissances qui leur donnent des fers pour prix du sang qu'ils ont versé pour elles ? Non, la guerre étrangère n'est point à craindre; mais, dans la supposition que ces puissances oseraient nous attaquer, ne sommes-nous pas les Français de 1793? n'avons-nous pas avec nous les vainqueurs de Marengo, d'Austerlitz, d'Iena, de Wagram; et le génie de l'Empereur ?

Les habitans de l'Alsace, de la Lorraine, de la Franche-Comté, de la Bourgogne, de la Champagne, verraient-ils sans frémir ces mêmes étrangers qu'on leur avait annoncés comme des libérateurs, et qui ont ravagé leurs campagnes et incendié leurs maisons ? La France prêterait-elle l'oreille à des proclamations solennellement violées ? Elle devait être grande, indépendante, cette France qu'on venait d'asservir; et contre la foi publiquement jurée, ses provinces lui furent arrachées, et ses moyens de défense honteusement anéantis.

Tel fut le prix auquel on nous vendit alors cette famille que la France a deux fois rejetée de son sein! L'Europe s'armerait en vain pour nous la faire recevoir de nouveau; nous avons le sentiment de notre force, nous savons ce que peut une nation armée pour la cause de l'honneur et de la liberté. Nous volerions tous à la défense de la patrie; la France ne présenterait qu'un vaste camp hérissé de fer. C'est alors que les dignes orateurs du patriotisme pourraient nous crier : DES ARMES ET DU COURAGE. Nous obéirions à leur voix, non pour allumer le feu destructeur de la guerre civile, non pour plonger le poignard dans le sein de nos compatriotes; mais pour immoler l'étranger et le Français parricide qui oseraient porter la guerre sur le sol sacré de la patrie.

IMPRIMERIE DE J. GRATIOT,

RUE SAINT-JACQUES, N° 41.